Problema

Cover and Chapter Art by
Robert Matsudaira

Carol Gaab

ISBN: 978-1-935575-05-4

TPRS Publishing, Inc., P.O. Box 11624, Chandler, AZ 85248

800-877-4738

info@tprstorytelling.com • www.tprstorytelling.com

A NOTE TO THE READER

This fictitious novel contains high-frequency vocabulary and countless cognates (words that are similar in two languages), making it an ideal read for beginning to intermediate language students.

Essential vocabulary is listed by chapter in the glossary at the back of the book.   We suggest you preview the glossary before you begin reading each chapter. Keep in mind that many verbs are listed in the glossary more than once, as most appear throughhout the book in various forms and tenses. (Ex.: I go, he goes, he went, etc.) The first instance of new words or verb forms will be listed in the chapter in which they first appear.

Advanced grammatical structures and vocabulary that would be considered beyond a 'novice-high' level are footnoted within the text, and their meanings given at the bottom of the page where each occurs.

The opinions and events in this story do not reflect or represent the opinions or beliefs of TPRS Publishing, Inc. This novel is intended for educational entertainment only. We hope you enjoy reading it!

Índice

Acknowledgments

Leslie Davison and her 3rd grade Spanish students at Dillon Valley Elementary School - Many thanks for piloting the book and contributing valuable feedback! You rock!

Catharine Steffans and her Spanish 2 students at Brophy College Preparatory - Mil gracias for critiquing the story and for your creative suggestions for titles and story scenarios.

Karen Rowan and her Fluency Fast students - Thanks for piloting the book! Your insight was invaluable!

Kristy Placido - Thank you for your never-ending support and always-honest feedback.

Capítulo 1
Una atracción romántica

Victoria y su hijo, Tyler, estaban en la clínica de su ortodoncista, el Dr. Chad Michaels. Victoria estaba muy contenta, pero Tyler no. No estaba contento porque a él no le gustaba visitar al ortodoncista. ¡Y con su madre, no le gustaba para nada! Era obvio que su madre sentía una atracción por el ortodoncista y esta situación ridícula no era tolerable. ¡Tyler tenía mucha, mucha vergüenza[1]!

---

[1]*tenía vergüenza - s/he had embarrassment*
(s/he was embarrassed)

A su madre le gustaba visitar al Dr. Michaels. ¡Le gustaba mucho! Le gustaba porque el Dr. Michaels era una persona buena, era guapo y estaba ¡soltero[2]!

Los padres de Tyler se divorciaron hace tres años[3], cuando Tyler sólo tenía trece años. El divorcio lo afectó mucho. Tyler se sentía muy solo porque su padre no le hablaba mucho. No tenía un padre con quien hablar de política, deportes y carros.

Tyler miró a su madre. Su madre estaba mirando una foto del Dr. Michaels. El doctor estaba con un chico. Su madre le preguntó a Tyler:

– ¿Tiene hijos el doctor? ¿Es su hijo el que está en la foto?

– No sé , mamá.

– ¡El doctor es muy guapo!

– ¡Mamá! ¡Qué vergüenza!

Justo en ese momento, el Dr. Michaels entró. Tyler tenía mucha vergüenza y su madre también. Su madre le dijo al Dr. Michaels:

– Es una foto buena. ¿Es su hijo?

– No, no es mi hijo. Es el hijo de una amiga. No tengo hijos.

[2]soltero - single
[3]hace tres años - three years ago

2

La madre de Tyler quería preguntarle por qué no tenía hijos y por qué estaba soltero. Pero Victoria no habló, sólo pensó: «¿El hijo de una amiga?... ¿Es amiga o es novia? ¿Por qué está soltero? ¿Está divorciado también?...». Tyler tuvo vergüenza y pensó: «¡No más preguntas, mamá!». Ocurrió un silencio y por fin, el Dr. Michaels le dijo a Tyler:

– ¿Cómo estás, Tyler? ¿Llevas puesto tu retenedor?

– Sí, lo llevo puesto mucho.

– Está bien.

El Dr. Michaels hablaba con Tyler, y le preguntaba acerca de las clases. Le preguntaba acerca de carros y de novias también. Hablaban como padre e hijo. La madre de Tyler estaba contenta. A ella le gustaba que el doctor hablara con Tyler.

    – Tyler, ¿cuál es tu clase favorita?

    – No sé.

    – ¿No tienes una clase favorita?

Tyler pensó un minuto y le respondió:

    – Pues...me gusta la clase de español.

    – ¿Cuántos años tienes?

    – Dieciséis.

    – ¡Dieciséis! Pues...¿Tienes novia?

    – No, no tengo novia.

Los dos hablaron por unos minutos y entonces, el Dr. Michaels miró a la madre de Tyler.

    – Y tú, Victoria, ¿cómo estás?

    – Muy bien, Dr. Michaels.

    – 'Doctor' es muy formal. ¿Por qué no me llamas Chad?

    – Ok, Chad –le respondió románticamente.

El corazón[4] de Victoria palpitaba y era obvio que sentía una atracción romántica por el doctor. Tyler tenía mucha vergüenza y pensaba: «¡Mi mamá tiene cuarenta años! ¡Su atracción por el Dr. Michaels es ridícula! ¡Qué vergüenza!».

[4]corazón - heart

El ortodoncista examinó los dientes de Victoria por unos minutos y entonces le dijo:

– Voy a quitarte los frenos dentales[5].

– ¡¿En serio?!

– Sí, en serio –le respondió el Dr. Michaels.

– ¿Cuándo vas a quitármelos?

– Hhhmmm... Voy a quitarte los frenos en seis semanas.

– ¡Perfecto! –Victoria le respondió muy emocionada– Tengo una conferencia especial en Ixtapa, México en siete semanas y no quería tener los frenos dentales durante la conferencia.

– ¿Qué tipo de conferencia?

[5]*frenos dentales - braces*

Era obvio que Victoria estaba muy emocionada por la conferencia. Con mucho entusiasmo, ella le respondió:

- Es una conferencia para maestros de lenguas[6].
- ¿Eres maestra?
- Sí. Soy maestra de hebreo y árabe. También soy maestra de español.
- ¡Increíble! ¡¿Hablas tres lenguas?! ¡Qué inteligente! Yo estudié francés por tres años, pero soy bruto- no hablo ni una frase de francés.

El ortodoncista se rió y Victoria se rió también. El Dr. Michaels y Victoria hablaron y se rieron durante diez minutos. Tyler tenía vergüenza y pensaba: «Si esta conversación absurda continúa, ¡voy a vomitar!». Para Tyler, ¡su conversación era ridícula!

- Está bien, entonces vamos a quitarte los frenos el 23 de junio. Pero...¿vas a llevar puesto tu retenedor?
- ¡Sí! Soy una paciente muy buena. Voy a llevarlo puesto veinticuatro horas al día.

[6]lenguas - languages

El Dr. Michaels se rió de nuevo y le dijo románticamente:

> – Victoria, como eres[7] la paciente perfecta,
> tienes la opción de tener un símbolo espe-
> cial en tu retenedor.
> – ¿Un símbolo?
> – Sí, un símbolo...como una cruz[8], un cora-
> zón o letras...

Victoria pensó durante un minuto y por fin, le
respondió:

> – Quiero un símbolo...quiero un
> corazón...quiero un corazón con las letras:
> A-M-O-R.

El ortodoncista miró a Victoria y ella se rió como
una chica de dieciséis años. El Dr. Michaels se rió
también. Tyler tenía mucha, ¡mucha vergüenza! y
exclamó:

> – ¡Qué ridícula!

[7]*como eres - as you are (because you are)*
[8]*cruz - cross*

Capítulo 2
Momentos mágicos

El 23 de junio, Victoria regresó a la clínica del ortodoncista. Se sentó y esperó cinco minutos. Luego, una mujer entró y llamó: «Victoria Andalucci». Victoria se emocionó y fue rápidamente con la mujer.

– Siéntate, Victoria –le dijo la mujer.

Victoria se sentó y la mujer le preguntó:

– ¿Estás lista?

– Sí –Victoria le respondió con emoción.

8

Victoria estaba contenta, pero estaba triste también. Ella pensó: «Me gusta visitar al Dr. Michaels. Ahora, no voy a visitarlo. ¡Qué triste!». La mujer le quitó los frenos durante veinte minutos. Entonces, ella exclamó:

– ¡Por fin! ¿Quieres mirar tu sonrisa nueva?
–le dijo a Victoria.

Victoria se miró en el espejo[1] y se emocionó. Se miró los dientes y se sonrió. A Victoria le gustó su sonrisa nueva y en este momento mágico, ella se sintió bonita. El Dr. Michaels la observó y le dijo:

– Victoria, ¡pareces una súper modelo! ¡Qué sonrisa bonita!

Victoria se sonrió y sintió otro momento mágico. Miró al ortodoncista y le respondió:

– Gracias, Chad. Sinceramente, gracias.

El Dr. Michaels miró a Victoria y sonrió. Entonces él le dijo a ella:

– Regresa mañana a las once para recoger tu retenedor. Es importante que lo lleves puesto.

– Está bien, doc... ah...Chad. Está muy bien.

[1]espejo - mirror

A la mañana siguiente, Victoria regresó a la clínica. Estaba triste porque el Dr. Michaels no estaba. Recogió su retenedor y lo examinó. El retenedor era rojo con un corazón rosado. Victoria miró las letras en el corazón y se rió. Se rió de las letras: A-M-O-B. Ella quería las letras A-M-O-R, pero no dijo nada acerca del error con las letras. Recogió el retenedor y se fue de la clínica.

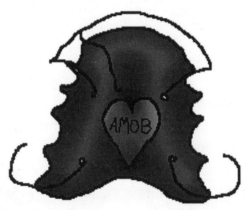

Luego, fue al centro comercial porque quería un bikini para el viaje a Ixtapa. Entró en JT-Máximo y fue a un probador[2] con un bikini rojo. Con el bikini puesto, se miró en el espejo. A ella le gustó. Se miró intensamente y pensó en el comentario del ortodoncista «Pareces una súper modelo» y en ese

[2]*probador - fitting room*

momento, realmente se sintió como una modelo. Victoria se fue con su bikini nuevo y regresó a casa. Cuando llegó a casa, le gritó a Tyler:

– ¡Tyler! ¿Dónde estás?

Tyler estaba en su dormitorio, hablando con sus amigos por Facebook. Su madre entró y le dijo:

– Mira mi bikini nuevo. ¿Te gusta?

– Mamá, ¡¿un bikini?! ¡Tienes cuarenta años! Los bikinis son para chicas, ¡no para madres!

Su madre se rió y se fue. Tyler comentó en Facebook: «¿Definición de vergüenza?... Estar de vacaciones con su madre llevando puesto un bikini». Tyler realmente no quería ir a Ixtapa. Prefería estar con sus amigos, no con su madre. Y no con su madre ¡en un bikini!

Durante los días siguientes, Victoria se preparó para el viaje a Ixtapa. La mañana del 27, ella corrió por la casa como una loca, recogiendo las necesidades para el viaje: su retenedor, sus pasaportes, la ropa, el bikini nuevo y los documentos de la conferencia. Por fin, estuvo lista, pero Tyler no. Él recogió su ropa y le gritó a su madre:

– ¡Mamá, recoge una maleta[3] para mí, por favor!

Victoria recogió una maleta para su hijo y por fin, Tyler estuvo listo. Pronto, una amiga de Victoria llegó a la casa para llevarlos al aeropuerto. Llegaron al aeropuerto y pronto, estuvieron en el aire en el 777. Victoria miró a su hijo y le dijo:

– Pues, ¡por fin vamos a México!

Sin emoción, Tyler le respondió:

– Sí, mamá. Vamos a México.

En cuatro horas, llegaron a Ixtapa. Entraron al aeropuerto y recogieron las maletas. La madre de Tyler se sentó y le llamó a Tyler:

– Tyler, espera.

– Mamá, ¿qué haces? – Tyler respondió impacientemente.

– El documento de la conferencia decía: «Es importante llevar puesto el visor de TPRS porque con el visor, el chofer del resort puede identificar a las personas del grupo. El chofer va a esperarles en frente del aeropuerto».

[3]*maleta – suitcase*

La madre de Tyler recogió dos visores. Tyler los miró y exclamó:

> ¬ Mamá, no quiero llevar puesto el visor. ¡Por favor!

> – Sin el visor, el chofer no puede identificarnos.

Victoria llevó puesto el visor, pero Tyler no. Lo tenía en la mano. Los dos fueron al frente del aeropuerto e inmediatamente entraron en.. ¡caos! Había muchos mexicanos que les gritaban: «¡Señora, señora!» «Taxi, lady?» «¡Taxi, taxi!» «¿Van a la zona de hoteles?».

Victoria escuchó los gritos y se sintió nerviosa, pero Tyler no. Tyler los escuchó y se rió. Con una sonrisa, les respondió:

> – No, gracias.

Había mucha conmoción y Victoria se sentía agitada. Por fin, una mujer corrió hacia ellos y les preguntó:

> – ¿Están con el grupo de TPRS?

> – Sí.

> – Esperen aquí. El chofer va a llegar en cinco minutos.

Victoria y Tyler esperaron quince minutos y por

13

fin, el chofer llegó. El chofer recogió sus maletas y les preguntó:

— ¿Listos?

Los dos respondieron:

— ¡Sí!

Pronto, llegaron al resort, Club Paraíso. Victoria miró el océano y miró a su hijo. Tyler tenía una sonrisa enorme. Victoria sonrió y pensó: «Este realmente es un paraíso. Es otro momento mágico».

Capítulo 3
Un día fenomenal

En la mañana, Victoria se levantó a las seis. Se levantó temprano porque quería explorar el resort antes de empezar la conferencia. Entró al baño y se cepilló los dientes. A ella le gustaba cepillarse los dientes ¡sin frenos! Se los cepilló por tres minutos. Tyler la escuchó y le gritó a su madre:

– ¡Mamá, por favor! ¿Por qué te cepillas los dientes tanto? Pienso que sufres de TOC (Trastorno Obsesivo Compulsivo).

– Mijo, es que me gusta cepillármelos ¡SIN frenos!

Su madre se rió y se arregló rápidamente. Se miró en el espejo y examinó su ropa. Luego, examinó su sonrisa y se puso el retenedor. Se puso las sandalias, recogió sus documentos de la conferencia y salió silenciosamente.

Ella caminó por la playa. A ella le gustaba la tranquilidad del océano. Caminó por las canoas y las tablas de surf. Luego, caminó por el trapecio[1], la cancha de tenis y por fin hacia el restaurante. Todo estaba muy tranquilo. No había ni una persona en la playa y tampoco en el restaurante. Victoria se sentó en una mesa y tomó un café. Comió un montón de fruta y a las ocho menos diez (7:50), salió para la conferencia. Estaba muy, muy contenta.

A las nueve de la mañana, Tyler se levantó. Normalmente, no se levantaba hasta las diez o las once, pero hoy se levantó temprano para experimentar todas las actividades del resort. Quería hacer el trapecio y también quería surfear. No se bañó, ni se arregló. Se puso su traje de baño[2] y sus 'flip flops' y estuvo a punto de salir. Iba a salir sin cepillarse los

[1] trapecio - trapeze
[2] traje de baño – swimsuit

dientes, pero pensó en todas las chicas en bikinis y decidió cepillárselos. Se los cepilló y salió rápidamente. Pasó la mañana haciendo el trapecio, surfeando, y observando a las chicas en la playa. Pasó por la frutería varias veces durante la mañana, tomando jugos exóticos y frutas tropicales. Estaba muy, muy contento.

A la una, Victoria fue al restaurante con un grupo de la conferencia. Sólo iba a tomar un jugo, pero decidió comer cuando observó la selección de comida deliciosa. Todos se sentaron en una mesa grande. Comieron y hablaron acerca de la conferencia y acerca de las actividades del día. Unos participantes iban a relajarse en la playa y otros se iban al spa. Victoria no quería quedarse en el resort. Quería salir a caminar por la 'reserva natural', la playa pública y el mercado. Todo estaba a sólo cinco minutos del resort. Victoria comió y regresó a su habitación. Al entrar, llamó a Tyler:

– Tyler. Tyler, ¿estás aquí?

Como Tyler no estaba, Victoria decidió salir sola. Se cepilló los dientes y se arregló de nuevo. Salió de la habitación y caminó hacia la entrada del resort. En la entrada, había tres guardias del resort. Hablaban con un hombre muy guapo. El hombre llevaba ropa elegante y parecía rico. Cuando Victoria llegó a la entrada, un guardia le dijo:

– Buenas tardes, señora. ¿Va a salir?

– Sí, voy a la reserva natural y a la playa pública.

– ¿Su nombre?

– Victoria, Victoria Andalucci.

El guardia tomó la lista de los registrados y anotó que Victoria iba a ir a la playa pública. El hombre guapo estudió a Victoria y le dijo:

– Hola, me llamo Ramón, pero mis amigos me llaman 'Chato'.

– Mucho gusto, Ramón.

– Ramón es muy formal. ¿Por qué no me
llama 'Chato'?

Victoria pensó en el Dr. Michaels: «¡Qué coin-
cidencia! El Dr. Michaels... 'Chad'... me lo dijo también». Chato era muy guapo y Victoria estaba muy
impresionada. Ella le respondió:

– Ok, Chato. Mucho gusto.

– Mucho gusto.

Entonces, el guardia interrumpió su conversación:

– Perdón, Señora. ¿Va sola?

– Sí.

Chato la miró románticamente y le respondió:

– Cuidado, Victoria. Una mujer tan bonita
atrae mucha atención.

– No hay problema. Soy experta en
karate –ella le respondió con una sonrisa.

Todos se rieron y Victoria salió caminando. Caminó por la reserva y observó unos cocodrilos.
Había unos cocodrilos pequeños y uno muy grande.
¡Era enorme! Victoria se quedó observándolos unos
minutos y luego, caminó hacia la playa pública.
Llegó a la playa y se quitó las sandalias. Caminó por
la playa y observó a todas las personas. Observó a

las familias que pasaban el día en la playa.

Observó a pescadores[3] y a vendedores[4] que caminaban por la playa. Caminó durante dos horas y luego, decidió visitar el mercado donde se vendía de todo. Se vendían frutas y vegetales y también tacos y tamales. Se vendían varias bebidas: agua, Coca Cola, jugo y cerveza. También se vendían ropa, recuerdos de México y joyería[5].

Victoria caminó por el mercado, mirando todo. Caminó frente a una joyería y se quedó para mirar la joyería. Le fascinaban los collares. Recogió un collar y se lo puso. Se miró en el espejo y le gustó. Mientras se miraba en el espejo, un hombre le dijo:

– Victoria, pareces una súper modelo con
    ese collar.

Victoria escuchó el comentario y de nuevo, pensó en el Dr. Michaels, pero no era el doctor. ¡Era Chato! Victoria sonrió y se quitó el collar.

– ¿Lo vas a comprar?

– No, no lo voy a comprar.

– ¿No te gusta?

[3]*pescadores - fishermen*
[4]*vendedores - venders, salesmen*
[5]*joyería - jewelry*

20

– Sí, es muy bonito. ¡Me gusta mucho!, pero no lo voy a comprar.

Chato tomó el collar y lo puso románticamente en el cuello[6] de Victoria. Victoria se sentía un poco nerviosa y un poco emocionada. ¿Quién era este hombre tan guapo? ¿Quién era 'Chato'? El hombre tomó su dinero y le compró el collar a Victoria. Victoria le dijo:

– ¡No! No voy a aceptarlo. Es mucho dinero.

– Victoria, no me importa el dinero. Tú me importas. Tu belleza[7] me importa. Acéptalo sin obligación.

[6]*cuello - neck*
[7]*belleza - beauty*

Capítulo 4
Un collar de consecuencias

Eran las seis y media de la tarde cuando Victoria regresó al resort. Se arreglaba para cenar y se cepillaba los dientes cuando Tyler entró a la habitación. Parecía contento, pero un poco cansado.

    – ¿Có-oh ue u ía? –Victoria le preguntó con el cepillo en la boca.

    – ¡¿Cómo?! –le respondió Tyler.

Victoria escupió[1] la pasta de dientes y le pre-

[1] escupió - *she spit*

guntó de nuevo:

- ¿Cómo fue tu día?
- ¡Fantástico! En la mañana hice el trapecio y fui a surfear. Conocí a unos chicos en la playa y me invitaron al Club Chévere. Es el club del resort para adolescentes. Pasé la tarde con los chico del club. Me invitaron a cenar... ¿Está bien si ceno con ellos?
- Sí, me parece buena idea.

Victoria se sentía un poco triste porque realmente quería cenar con su hijo. No tenía con quien comer, pero no iba a decírselo a Tyler. Victoria se arreglaba frente al espejo mientras Tyler le hablaba de todas sus aventuras. Por fin, le preguntó a su madre:

- Mamá, ¿Qué hiciste tú?
- Fui a la playa pública y al mercado. Mira mi collar nuevo. ¿Te gusta? Es un ópalo negro.
- Sí. Me gusta. Es muy bonito. ¿Cómo es la playa pública?
- Es interesante y bonita. ¿Quieres ir mañana? –su madre le preguntó con entusiasmo.

– Mamá, el Club Chévere va a hacer una competencia de canoa mañana. Yo iba a participar.

– Está bien, mijo. ¡Qué bueno que conociste nuevos amigos! Tú vas a la competencia y yo voy a la playa y al mercado.

Tyler entró al baño para bañarse y le dijo a su madre:

– Los chicos van al show después de cenar. ¿Está bien si voy con ellos?

– Sí, pero regresa a la habitación a la media-noche[2], por favor.

– Sí, mamá.

Victoria salió de la habitación pero no fue al restaurante. No quería comer sola, así que fue al bar. No había nadie del grupo en el bar, así que Victoria fue al patio. En el patio, había un grupo de la conferencia y Victoria ya no se sentía sola. El grupo se quedó en el patio, tomando y hablando. Todos fueron al restaurante y después al show. Victoria se divirtió mucho con sus amigos nuevos. A las once y media, Victoria estaba cansada. Regresó a su habitación y se durmió muy pronto. A la medianoche,

[2]*medianoche – midnight*

Victoria escuchó a Tyler entrar a la habitación.

– ¿Te divertiste hoy, mijo?

– Sí, mamá. ¡Me divertí mucho!

Hablaron por unos minutos y pronto, los dos se durmieron.

En la mañana, Victoria se levantó muy tarde. Estaba cansada y no quería levantarse. Por fin, se levantó a las siete y media. Se cepilló los dientes y se arregló rápidamente. Se puso su collar nuevo y salió corriendo a la conferencia. Se le ocurrió que no llevaba puesto su retenedor y regresó a su habitación para recogerlo.

– ¿Qué haces? –le preguntó Tyler.

– Regresé para recoger mi retenedor.

Victoria se lo puso y salió corriendo de nuevo. Llegó a la conferencia un poco tarde. Victoria quería entrar silenciosamente, sin llamar la atención, pero todos notaron su collar nuevo: «Victoria, ¡tu collar es espectacular!» «¡Qué collar tan bonito!» «¿Dónde lo compraste?». Victoria tenía vergüenza. No quería interrumpir la conferencia, ni decirle a nadie que un hombre misterioso le compró el collar.

Después de la conferencia, el grupo fue a comer, pero Victoria no fue con el grupo. Ella quería regresar al mercado. También quería hablar con el hombre guapo que le compró el collar. Regresó a su habitación y Tyler no estaba. Tyler estaba en la playa, divirtiéndose con los chicos del Club Chévere.

Victoria se cepilló los dientes y pensó: «¿Es normal divertirme tanto al cepillarme los dientes? ¿Es posible que yo realmente sufra de TOC?». Ella se rió y se miró en el espejo. Examinó su sonrisa y pensó en el comentario del Dr. Michaels y en el comentario de Chato: «Pareces una súper modelo...». Ella sonrió y se dijo: «Chad y Chato...no sé quién es más guapo...».

Victoria se puso su retenedor y luego, se arregló. Se examinó frente al espejo y salió para la playa pública. Caminó hacia la entrada y observó que había dos guardias diferentes. Quería hablar con Chato, pero él no estaba. Cuando ella llegó a la entrada, un guardia le dijo:

– Buenas tardes, señora.

– Buenas tardes.

– ¿Va a salir?– un guardia le preguntó.

– Sí, voy a la playa pública.

– ¿Su nombre?

– Victoria Andalucci.

26

En ese momento el guardia notó el collar que ella llevaba puesto. Lo admiró y le dijo:

– Ay, señora, ¡su collar es magnífico! ¿De qué grado es?

– ¿Grado?

– Sí, se clasifican los ópalos en 'grados'. Se puede identificar el grado con una luz especial. Yo tengo una luz. ¿Quiere que yo examine su ópalo?

Victoria se quitó el collar y el hombre lo tomó. Con el collar en la mano, entró en la casita de guardias y examinó el collar con su luz especial.

– ¡Ay, señora, es un ópalo magnífico! ¿No quiere examinarlo con mi luz?

Victoria entró en la casita de guardias para examinar su ópalo. Miraba el ópalo con una luz que parecía una lámpara ordinaria. Lo examinaba intensamente cuando de repente, una toalla le tapó[3] la boca y la nariz. No podía respirar[4]. Tampoco podía gritar. ¡Qué horror! Victoria se durmió en un instante. ¡Estaba inconsciente!

[3]*una toalla (le) tapó - a towel covered (her...)*
[4]*respirar - to breathe*

Capítulo 5
Problemas en Paraíso

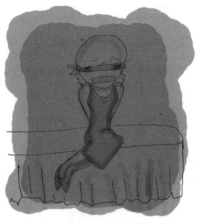

Victoria se despertó y al despertarse, sintió una confusión completa. ¡¿Dónde estaba?! ¡¿Qué le pasó?! Sus ojos estaban tapados[1] y su boca también. Respiraba por la nariz y se sentía horrible. Sentía nausea y no podía moverse. Sentía una parálisis inexplicable. No podía pensar, ni hablar. Se quedó medio dormida[2] en un silencio total. Pasaron unos minutos, pero Victoria no sabía cuántos. Los minu-

¹tapados - covered
²medio dormida - half asleep

tos parecían horas y las horas parecían minutos. De repente, un teléfono interrumpió el silencio. Victoria se despertó un poco más y escuchó a un hombre hablando por teléfono:

> – Bueno.
>
> ...Silencio
>
> – Sí, estamos en la habitación.
>
> ...Silencio
>
> – Está dormida todavía.
>
> ...Silencio
>
> – No. Nadie nos vio.
>
> ...Silencio
>
> – Está bien. Te llamo cuando ella se despierte. Adiós.

Victoria se preguntó: «¿Quién es el hombre? ¿Qué está pasando? ¿Dónde estoy?». Victoria quería pensar claramente, pero no podía. Sentía mucha confusión. Quería despertarse completamente, pero no podía. Se quedó en silencio y con confusión y al final, se durmió de nuevo.

Eran las seis y media de la tarde y Tyler regresó a su habitación. Entró, anticipando que su madre estaría[3] en la habitación. Ella no estaba, pero Tyler

[3]*estaría - would be*

no estaba alarmado porque pensaba que su madre estaba con el grupo. Él realmente estaba feliz de que su madre estuviera[4] divirtiéndose con amigos. Se sentía mal por pasar todos los días con los chicos del Club. Esa noche, el Club Chévere iba a hacer una fiesta en la playa para los adolescentes. Tyler quería ir y ahora podía ir a la fiesta sin pensar en su madre.

Tyler entró al baño para arreglarse para la fiesta. Había conocido[5] a una chica muy guapa y Tyler quería impresionarla. Se bañó con 'Champú Axe' y se cepilló los dientes con mucho cuidado. No quería llevar puesto su retenedor porque pensaba que hablaba como un tonto con el retenedor puesto. A las siete y quince, Tyler salió para la fiesta.

[4] *(que) estuviera - (that) she was*
[5] *había conocido - had met*

31

Caminó hacia la playa y escuchó música. Llegó y vio a unos amigos, pero no vio a la chica guapa. La chica se llamaba Megan. Tyler hablaba con sus amigos, pero él realmente quería hablar con Megan. Les preguntó a sus amigos:

– ¿Han visto[6] a Megan?

– No, no la hemos visto.

– ¿Quieren buscar a las chicas?

– ¿Es azul el océano? –respondió un chico sarcásticamente.

Todos se rieron y caminaron por la playa buscando a las chicas. Las buscaron durante unos minutos y cuando las encontraron, los chicos no sabían qué decirles. No les hablaron. Se quedaron en silencio y todos tenían vergüenza. Por fin, Tyler le dijo a Megan:

– ¿Quieres acompañarme a cenar?

Megan, que era un poco tímida, simplemente le respondió:

– Sí.

Los dos se separaron del grupo. Fueron a cenar y después escucharon música y bailaron. La fiesta terminó a la medianoche, pero Tyler y Megan se que-

---

[6]*¿han visto? - have you (pl.) seen?*

daron en la playa, hablando y escuchando el océano. Se divirtieron mucho...¡hasta que llegó el padre de Megan!

– ¡Megan! ¿Qué haces? ¡Ya son las doce y media! Te dije que regresaras a la medianoche.

– Lo siento, Papá. No sabía la hora. Sólo hablábamos.

Tyler se sintió nervioso y no dijo nada. Megan salió con su padre y Tyler regresó a su habitación. Estaba nervioso porque era tarde y su madre NO iba a estar feliz. Entró en la habitación silenciosamente. Quería usar el baño pero no quería despertar a su madre. Pensó: «Si no la despierto, ella no va a saber que llegué tarde». Esperó un minuto y notó el silencio. Se le ocurrió que su madre no estaba. ¡Que bueno! Fue al baño y antes de que su madre llegara, se durmió. No tenía ni idea que su madre no iba a llegar.

Capítulo 6
¿Identidad errónea?

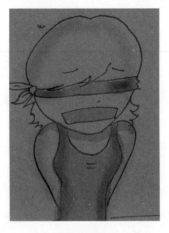

Victoria no sabía qué hora era cuando se despertó. Sus ojos todavía estaban tapados, pero ella podía ver luz. Se imaginaba que era temprano por la mañana. Estaba más alerta ahora. Podía pensar más claramente, pero le dolía la cabeza. Se dio cuenta de que sus manos tenían esposas[1] y de que tenía 'cinta[2] de ducto' en la boca. Se dio cuenta de

[1]*esposas - handcuffs*
[2]*cinta - tape*

que era una víctima de un secuestro³ pero no sabía por qué. Se preguntó: «¿Quién me secuestró? ¿Y por qué?».

Victoria se quedó en el silencio, pensando en su situación. Tenía miedo. ¡Tenía mucho miedo! No se movió. Quería saber si había otra persona con ella o si estaba sola. Escuchó intensamente y se dio cuenta de que había otra persona. Escuchó su respiración. Le parecía la respiración de un hombre dormido. Victoria necesitaba agua y necesitaba usar el baño. ¡Era urgente! No quería despertar al hombre dormido, pero era una emergencia. Necesitaba usar el baño ¡ahora! Se movió e hizo sonidos:

– Hmmmm...Hmmm...

El hombre se despertó y le dijo:

– Por fin, te despertaste.

– Hmmmm...

– ¿Qué quieres, preciosa?– le preguntó sarcásticamente.

– hm-hm.

De repente, el hombre le agarró el pelo con una mano. Con la otra mano, agarró la cinta de ducto y se la quitó violentamente de la boca. Le dolió

³*un secuestro - a kidnapping*

mucho y Victoria quiso gritar, pero controló su reacción. Le respondió sarcásticamente:

– Gracias por quitarme los pelitos del labio[4]. Es buena idea usar cinta de ducto para quitármelos.

El hombre no se rió y le puso la cinta de ducto sobre la boca de nuevo. Victoria se movió histéricamente e hizo sonidos.

– ¡HHHHMMMM!...¡HHHHMMMM!

El hombre se enojó y violentamente le agarró el pelo a Victoria. Le gritó:

– ¡Cállate[5], mujer!

Victoria ya no hizo sonidos y no se movió. Le dolía la cabeza y le tenía miedo al hombre. Prestó atención a sus movimientos y escuchó que caminaba en círculos. A Victoria le parecía nervioso. Entonces, Victoria lo escuchó hablar por teléfono:

– La mujer está despierta.

...Silencio.

–Lo espero.

...Silencio.

Unos minutos pasaron y de repente, una puerta se abrió. Entró un hombre.

[4]*pelitos del labio - little lip hairs*
[5]*cállate - shut up*

36

– ¿Cómo está nuestra visitante? –le preguntó sarcásticamente.

– Está un poco agitada. Por eso, todavía lleva puesta la cinta de ducto.

El hombre caminó hacia Victoria y con un tono de enojo le dijo:

– Yo voy a quitarte la cinta de la boca y tú no vas a hacer ni un sonido. ¿Comprendes?

Victoria movió la cabeza y le respondió:

–M-hmmm.

El hombre agarró la cinta de ducto y se la quitó rápidamente. Victoria movió los labios, pero no habló. Se quedó con los ojos tapados todavía, pero su problema más urgente era ¡que necesitaba usar el baño! Quería hablar pero tenía miedo. Después de un minuto, el hombre le habló:

– Yo tengo muchas preguntas y tú vas a respondérmelas.

Victoria no le dijo nada. Sólo pensó: «¿Qué quieren de mí?».

– ¿Dónde está tu esposo?

– ¿Mi esposo?

– ¡Sí! ¡Tu esposo!

– ¿Te refieres a Antonio?

El hombre se enojó y le gritó:

— ¡Sí, Antonio! ¡¿Dónde está?!

— Antonio ya no es mi esposo. Nos divorciamos hace tres años.

— ¡Mentirosa[6]!

El hombre se enojó y explotó violentamente. Le agarró el pelo a Victoria. Gritando repitió:

— ¡¿Dónde está tu esposo?!

— ¡No tengo esposo! ¿Qué quieres de mí?

— ¡Cállate! Yo voy a hacer las preguntas. No tú.

Victoria gritó histéricamente.

— Por favor, ¡tengo que usar el baño!

[6]mentirosa - liar

– ¡Cállate!

El hombre miró al otro hombre y le dijo:

– Esteban, llévala al baño.

Inmediatamente, Victoria notó el nombre del hombre: Esteban. Ella no quería que 'Esteban' la acompañara al baño y les dijo:

– Por favor. Quiero ir al baño sola. Si me
quitan las esposas y destapan[7] mis ojos, les
prometo que voy a quedarme tranquila.

El hombre le dijo a Esteban:

– Quítale las esposas.

Esteban le quitó las esposas y le destapó los ojos. Victoria se levantó y entró al baño. Se dio cuenta de que estaba en una habitación del Club Paraíso. Quería quedarse en el baño para pensar en un escape. Se dijo: «Piensa, Victoria. ¡Piensa!». El hombre interrumpió su concentración:

– ¡Rápido!

– Sí. Voy lo más rápido posible. Las mujeres
no son tan rápidas como los hombres.

Victoria salió del baño y estudió intensamente a los hombres. El hombre la agarró y le gritó:

– ¡Siéntate!

[7]*destapan - you (pl.) uncover*

La forzó a sentarse y le puso las esposas de nuevo. Continuaron la interrogación:

– Mira, Victoria. Sabemos que tu esposo ha invadido nuestro territorio.

– Les dije, no tengo esposo. No comprendo. ¿Invadió qué territorio? No comprendo nada.

– Victoria, tú tienes dos opciones: Darnos información acerca de tu esposo o morir.

Victoria no comprendió la situación. Para ella, era obvio que los hombres no secuestraron a la persona correcta y que cometieron un error. Quería explicarles el problema:

– Ustedes cometieron un error. Me llamo Victoria Andalucci. Soy de los EEUU[8].

– Sabemos de dónde eres y quién eres, Señora Andalucci. Eres la esposa de Antonio Andalucci, el narcotraficante[9] más poderoso[10] de los EEUU. Nosotros no cometimos un error. Tu esposo cometió el error cuando invadió nuestro territorio.

[8]*EEUU (Estados Unidos) - United States*
[9]*narcotraficante - narcotics trafficker*
[10]*poderoso - powerful*

Victoria lo escuchó y pensó: «¡¿Antonio es un narcotraficante?!». En ese momento, Victoria se dio cuenta de que su situación era muy, muy grave. Tenía mucho miedo y sabía que necesitaba un plan. Tenía dos opciones: escapar o morir.

Capítulo 7
Revelaciones

Tyler se despertó a las diez y media, pero no se levantó inmediatamente. Se quedó en la cama pensando en la situación de anoche. Se preguntaba si el padre de Megan estaba enojado y si disciplinó a Megan. Tyler también se preguntaba si la iba a ver hoy. Por fin, se levantó de la cama, se puso su traje de baño y se fue a buscar a Megan.

Pronto, encontró a Megan en la playa.

– Hola, Megan.

– ¡Hola!

– ¿Qué dijo tu padre? ¿Está enojado?

– Está un poco enojado. Es que él es escéptico sobre las intenciones de todos los chicos.

Tyler estaba un poco nervioso y le preguntó:

– ¿Dónde está tu padre ahora?

– Se fue en una excursión. Va a llegar más tarde.

Tyler se calmó y se sentó sobre su toalla. Los dos se quedaron en la playa, hablando y coqueteando[1] toda la mañana. A la una, Megan quería comer y los dos fueron al restaurante. Se sentaron en una mesa y un grupo de maestros de la conferencia entró al restaurante. Una maestra vino a la mesa y le preguntó a Tyler:

– Eres el hijo de Victoria, ¿verdad?

– Sí.

– ¿Dónde está tu madre? ¿Está enferma?

– No...no pienso. ¿Por qué?

– Porque no vino a la conferencia hoy.

Tyler no sabía si su madre estaba enferma o no.

[1]*coqueteando - flirting*

43

Se concentró en la última vez que vio a su madre y se dio cuenta de que no la había visto[2] por casi dos días. Le entró pánico y exclamó:

– Pensé que llegó tarde anoche, pero ¡tal vez no llegó!

– ¡Tenemos que reportarlo a las autoridades!

Tyler no le respondió. Se fue corriendo del restaurante y Megan lo siguió. Ella le gritó:

– ¡Tyler, espera!

Tyler no la esperó. Siguió corriendo a su habitación. Pensaba: «Ojalá[3] que mamá esté enferma... que esté en la habitación». Llegó a la habitación y abrió la puerta. Gritó: «¡¿Mamá...MAMÁ?!», pero su madre no le respondió.

Tyler observó todo en la habitación. Pensó en ayer por la tarde. No vio a su madre antes de cenar. Tampoco la vio anoche cuando llegó de la playa. Y hoy, en la mañana, era obvio que ella no durmió en la cama. La cama estaba perfecta cuando él se despertó. Con pánico, exclamó:

– ¡Mi madre desapareció! ¡Está perdida!

Megan, que miraba a Tyler desde la puerta, vio

---

[2]*no la había visto - s/he had not seen her*
[3]*ojalá - I hope (God willing)*

el pánico en sus ojos. Ella escuchó el pánico en su voz. Se sintió triste por Tyler y empezó a llorar. Entonces, lo abrazó. Justo en ese momento, el padre de Megan vino corriendo. Entró en la habitación, agarró a Tyler y explotó:

– ¡¿Qué haces con mi hija en tu habitación?!

– Yo...no..na..

Tyler no pudo hablar y empezó a llorar. El padre de Megan lo tenía agarrado[4] y Megan le gritó:

– ¡Papá, cálmate!

Su padre, que era un hombre musculoso ¡estaba furioso! ¡Tyler le tenía miedo! Su padre les gritó:

– ¡¿Por qué están en la habitación solos?!

– Porque buscamos a la madre de Tyler. ¡Ella

---

[4]*tenía agarrado - had hold of*

desapareció! –le respondió Megan.

Con voz de león, el padre siguió gritando furiosamente. Tyler siguió llorando y por fin, Megan le gritó a su padre:

> – ¡¡¡Te dije la verdad!!! ¡Su madre desapareció!

Megan le explicó la situación a su padre y su padre empezó a hacer preguntas como si fuera[5] experto en situaciones de desaparecidos.

> – ¿Cuándo fue la última vez que viste a tu madre? –le preguntó él a Tyler.
> – Hace dos días. La vi por la tarde, antes de cenar.
> – No la has visto por dos días y ¡¿no la reportaste perdida?!
> – No me di cuenta de que estaba perdida.

Tyler explicó que cada mañana, su madre salía temprano para la conferencia y él se despertaba más tarde. Ayer en la tarde, pensó que ella ya había salido[6] para cenar, pero la verdad era que no regresó. No regresó de...¿dónde? Tyler se concentró y recordó que su madre iba a ir a la playa pública.

---

[5]*como si fuera - as if he were*
[6]*(ya) había salido - (already) had left*

– Ayer, ella fue a la playa pública y al mercado.

– ¿Qué llevaba puesto?

– No sé.

– ¿Tienes una foto de ella?

Tyler recogió su pasaporte y se lo dio al padre de Megan. Él miró la foto y le comentó:

– ¿Tu madre tiene frenos?

– Sí, los tenía, pero ahora no. Sólo lleva puesto un retenedor.

– Ok. Toda esta información nos ayudará a identificar el cuer–...a...a...tu madre.

Tyler sabía que iba a decir: «a identificar el cuerpo». Empezó a llorar inconsolablemente. El padre de Megan ya no lo tenía agarrado. Lo abrazó y lo consoló con una voz de autoridad:

– No llores. Vamos a encontrar a tu madre.

– Gracias por su ayuda, pero ¿qué puede hacer usted?

– Soy agente de la CIA. Me voy a comunicar con los agentes en la embajada de México. Los agentes pueden ayudarnos. La policía mexicana puede ayudarnos también.

El padre salió rápidamente y empezó la búsqueda[7] de Victoria Andalucci. Pronto, policías, agentes de la CIA y voluntarios llegaron al resort para hacer una investigación intensa y para ayudar con la búsqueda.

Un grupo se fue a la reserva natural. Tyler les dijo que a su madre le gustaba caminar por la reserva. Los investigadores no querían admitir en frente de Tyler, que era muy probable que un cocodrilo se hubiera comido[8] a su madre. No le dijeron nada a Tyler, pero Tyler sabía la verdad: Buscaban el cuerpo de su madre. Expertos examinaron los cocodrilos más grandes y al final, determinaron que un cocodrilo no se la había comido.

Voluntarios de la Cruz Roja buscaron su cuerpo en el océano Pacífico. Lo buscaron en las aguas en frente del resort y en las aguas en frente de la playa pública. Buscaron toda la tarde e iban a seguir buscando durante la noche. Tyler estaba inconsolable. Se quedó en su habitación, llorando y esperando a su madre.

[7]*búsqueda - search*
[8]*se hubiera comido - had eaten*

48

Capítulo 8
Planes de escape

Victoria no notó la conmoción afuera. Se concentraba en un plan para escapar. Estaba en la habitación con Esteban. Victoria prefería estar sola con Esteban. Esteban no le parecía tan violento como el otro hombre. Esteban ignoraba a Victoria. Él miraba la televisión mientras Victoria pensaba en un escape. Su sed intensa interrumpió su concentración.

– Por favor, tengo sed.

– ¿Qué importa? –Esteban le respondió cruelmente.

– Por favor, ¡Necesito agua!

Esteban estaba enojado porque quería ver el programa en la televisión. Ignoró a Victoria y siguió mirando la tele.

– Esteban, por favor...¡me muero de sed!

– Te vas a morir, sí. Pero es probable que no te vayas a morir de sed –le respondió sarcásticamente.

Esteban se rió cruelmente, pero Victoria estaba determinada. Ella se levantó y caminó hacia Esteban. Puso las manos delante de[1] él y le dijo a Esteban:

– Quítame las esposas y yo busco agua.

– Estoy mirando la tele y tú estás interrumpiendo mi programa favorito.

Esteban estaba enojado, pero Victoria no se movió. Se quedó con las manos delante de él y repitió:

– Por favor, Esteban. Quítame las esposas y yo busco agua.

– ¡Déjame! Eres como un mosquito.

– Por favor. Te prometo que no voy a correr. Sólo voy a tomar agua.

Esteban no quitó los ojos de la televisión. Se le-

[1]*delante de - in front of*

vantó y tomó su pistola. Con la pistola en la mano, le respondió:

– Si corres, vas a morir...

Esteban le agarró violentamente las manos a Victoria. Le quitó las esposas y le repitió:

– Si corres, vas a morir...

Victoria entró al baño y tomó agua. Se miró en el espejo y se dijo: «¡Ay! ¡Qué horror!». Victoria se arregló el pelo con las manos. Quería cepillarse los dientes y pensó: «¿Estoy loca? Estoy secuestrada y ¡quiero cepillarme los dientes! ¡Ay! ¡Es verdad, sufro de TOC!». Ella miró por el baño y vio un paquete de plástico. En el paquete había un cepillo y pasta de dientes. Nerviosamente, ella se quitó su retenedor y se cepilló los dientes. También cepilló su retenedor. Tomó más agua y volvió a la cama.

Esteban, que todavía miraba la televisión, no le prestó atención a Victoria. No le volvió a poner las esposas, sólo miraba la tele. Victoria se sentó en la cama. Estudiaba la habitación. En la mesa pequeña había papel y un bolígrafo. Victoria quería escribir una nota secreta. No podía escribirla en inglés y tampoco en español.

Pensó: «Si la escribo en inglés o español, mis captores van a comprenderla, pero si la escribo en hebreo mis captores no van a poder comprenderla. Voy a escribir mi número de habitación, y tal vez, un empleado del resort la encontrará[2] y la llevará[3] a mi habitación. Si Tyler ve la nota en hebreo, él va a saber que estoy viva».

Victoria miró a Esteban. Todavía miraba la televisión. Mientras él miraba la televisión, Victoria recogió el papel y el bolígrafo.

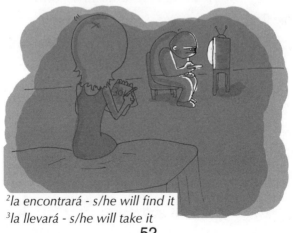

[2]*la encontrará - s/he will find it*
[3]*la llevará - s/he will take it*

Abruptamente, un anuncio interrumpió el programa y Esteban se levantó y miró a Victoria. Victoria reaccionó rápidamente y puso el papel y el bolígrafo debajo de la pierna. Esteban no los vio y entró al baño. Le gritó:

– ¡No te muevas, Victoria!

Victoria agarró el bolígrafo rápidamente. Escribió el número de su habitación y «Ayúdame» en hebreo. Puso el bolígrafo y el papel en la mesa y puso la nota debajo de la pierna de nuevo. Justo en ese momento, Esteban salió del baño. Se sentó delante de la televisión y siguió mirándola. Victoria esperó el momento perfecto para poner la nota debajo de la puerta. Después de unos minutos, Esteban se durmió. Urgentemente, Victoria se levantó y fue a la puerta silenciosamente. Puso la nota debajo de la puerta y la pasó hacia afuera. Victoria volvió rápidamente a la cama y cuando se sentó en la cama, Esteban se despertó y le preguntó a Victoria:

–¡¿Qué haces?!

– Estirándome⁴.

– ¡Siéntate!

---

⁴*estirándo(me) - stretching (myself)*

Victoria se sentó y esperó. Estaba muy nerviosa y pensaba: «¿Y si mis captores encuentran la nota...?». De repente, la puerta se abrió violentamente. El otro hombre volvió y pasó por la puerta. ¡Estaba furioso y tenía un papel en la mano. ¡A Victoria le entró pánico! Pensó que el hombre tenía su nota...Pensó que iba a morir. El hombre agarró a Esteban y Esteban le gritó:

- ¡Déjame!
- ¡¿Por qué ella no lleva puestas las esposas?!
- Ella es como un mosquito. ¿Qué importan las esposas?
- Ponle las esposas antes de dormir. No quiero que se escape durante la noche.

El hombre dejó el papel en el televisor y salió. Esteban agarró el papel y lo miró. Él no reaccionó y Victoria se preguntó: «¿Es mi nota?». Estaba nerviosa y sabía que necesitaba otro plan. Se quedó en la cama pensando en un plan y en la nota en el televisor.

Después de media hora, Esteban llamó al servicio de habitación.

– Quiero ordenar una pizza especial y una ensalada.

Victoria lo escuchó y pensó: «¡Excelente! Es el momento que esperaba. Cuando llegue la persona con la pizza, voy a correr hacia la puerta y voy a gritar. Es mi chance para escapar!». Victoria esperó la pizza y pronto, una persona tocó a la puerta. Un chico llamó:

– Servicio de habitación. Su pizza.

Esteban agarró a Victoria y le puso la pistola en la cabeza. Le respondió:

– Déjala en la puerta. Sólo llevo puesta una toalla.

– Está bien, señor.

Cuando el chico estaba dejando la pizza en la puerta, vio un papel en el suelo. El chico, que era estudiante de hebreo, agarró el papel y lo miró. Vio unas figuras y pensó: «¡Qué interesante! Me parece una nota en hebreo. Voy a llevarla a mi profe de hebreo». El chico dejó la pizza y la ensalada en la puerta y se fue con la nota.

Esteban esperó dos minutos y rápidamente fue a la puerta para recoger la pizza. Victoria fue al televisor para ver la nota. La nota decía:

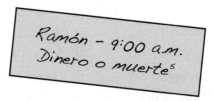

Esteban recogió la pizza y la ensalada y empezó a comer. Victoria pensaba en la nota de la televisión. Se dio cuenta de que su situación era muy, muy grave. Ella se preguntó: «¡¿Qué pasó con la nota en hebreo?!». Victoria no quería morir y sabía que era urgente...¡Necesitaba otro plan!

Mientras Esteban comía y miraba la televisión, Victoria agarró un papel y un bolígrafo. Se le ocurrió una idea: Dejar su collar afuera con su número de habitación. Pensó: «Es posible que una persona lo vaya a encontrar y lo vaya a llevar a mi habitación. Si Tyler lo ve, él va a saber que estoy viva».

Esteban siguió comiendo y cuando se comió todo, le dijo a Victoria:

– Estoy cansado, quiero dormir. Voy a ponerte las esposas.

– ¿Puedo ir al baño antes de ponérmelas?

– Rápido.

⁵muerte - death

56

Rápidamente, Victoria entró en el baño con el papel y el bolígrafo. Escribió su número de habitación en el papelito y luego se quitó el collar y lo envolvió[6] en el papel.

– ¡¿Qué haces?! –le gritó Esteban.

– Cepillándome los dientes.

– ¡Rápido! ¡Quiero dormir!

Victoria dejó el papel y el collar debajo de una toalla. Entonces, volvió a la cama. Esteban le puso las esposas y...¡entró al baño! A Victoria le entró pánico y ella pensó: «¡Ay! ¡Esteban va a encontrar mi collar!». Victoria se levantó rápidamente, pero Esteban la escuchó y le gritó:

[6]*lo envolvió - wrapped it*

– ¡¿Qué haces, mujer?!

– ¡Nada!

Victoria se sentó en la cama y esperó a Esteban. ¡Ella estaba muy nerviosa! Esteban salió del baño rápidamente y miró a Victoria. Él no le dijo nada. Sólo fue a la otra cama y pronto se durmió. Victoria no se durmió. Ella se quedó despierta y esperó una hora.

Cuando Esteban estaba bien dormido, ella se levantó silenciosamente y fue al baño. Con las manos atrapadas en las esposas, ella recogió el collar en el papel y fue a la puerta. Lo dejó debajo de la puerta y lo pasó hacia afuera por el espacio. De repente, Esteban se movió y Victoria se quedó sin moverse. Después de unos minutos, volvió a la cama y se preguntó: «¿Voy a morir mañana?».

Capítulo 9
Vivir o morir

Los agentes y los policías buscaron a Victoria toda la noche. Tyler no podía dormir porque pensaba en su madre. Sabía que buscaban un cuerpo y no a una persona viva. A las nueve de la mañana, Megan vino a su habitación. Notó que Tyler parecía muy, muy cansado.

– ¿Cómo dormiste?

– Horriblemente. Realmente, no dormí.

– Ni parece –le respondió Megan, con una

sonrisa– Mira Tyler, los chicos del club se
organizaron para ayudar con la búsqueda
de tu madre. Vamos a comer un poco y
después, vamos al club. ¿Qué piensas?

A Tyler le gustó la idea. No quería quedarse en
su habitación sin hacer nada. Tyler fue con Megan
al restaurante y después al club. Cuando llegaron,
los chicos del club tenían un plan.

Victoria se despertó temprano, pero no se levantó. Prefería quedarse tranquila mientras Esteban
dormía. Necesitaba usar el baño, pero no quería despertar a Esteban. Se quedó en la cama pensando en
el collar y en su salvación. Se imaginaba un hombre
valiente y guapo entrando a la habitación para sal-
varla. Pensaba en Chad y en Chato y se preguntaba:
«¿Uno de ellos va a salvarme? ¿Va alguien a salvarme?».

Por fin, Esteban se despertó. Victoria le dijo:
– Necesito usar el baño.
– Yo primero –le respondió Esteban.
Entonces, Esteban se levantó y le dijo a Victoria:
– ¡Levántate!
Victoria se levantó y Esteban le quitó una es-

60

posa. La conectó a la cama y entró en el baño. Se quedó en el baño por media hora. Se bañó y habló por su teléfono celular. Por fin salió del baño y Victoria le dijo de nuevo:

— Necesito usar el baño.

Esteban le quitó la esposa de la mano y Victoria entró en el baño. Ella llamó a Esteban:

— ¿Puedo bañarme?

— Tienes dos minutos.

Realmente, Victoria no quería bañarse. Quería estar sola. Quería pensar en su plan de escaparse. Ella se sintió nerviosa y rápidamente se quitó la ropa. Ella pensó: «Pues, si me muero, me muero limpia[1]». Victoria se bañó y se puso la ropa en dos minutos. Se sintió refrescada, pero no se le ocurrió un plan para escapar. Ella llamó a Esteban otra vez:

— Esteban, ya me bañé. ¿Está bien si me cepillo los dientes?

— ¡Rápido!

Victoria se quitó su retenedor y empezó a cepillarse los dientes. Se cepillaba los dientes cuando ¡la puerta del baño se abrió como una explosión!

[1] limpia - clean

Victoria vio a un hombre familiar entrando en el baño. ¡Era Chato, el hombre que le compró el collar a Victoria! Chato entró en el baño y ¡tenía el collar en la mano! Él estaba furioso y le preguntó sarcásticamente:

– ¿No te gustó el collar que te compré?

¡Victoria le tenía miedo! No sabía que decir. Todavía tenía pasta de dientes en la boca y no le contestó. Sólo le dijo:

– Hola, Chato.

– Sólo mis amigos me llaman 'Chato'. Es obvio que tú no eres mi amiga. No me llames 'Chato'. Llámame 'Ramón' –le dijo sarcásticamente.

Victoria quería quedarse tranquila. Con todo control, ella le respondió:

– Está bien, Ramón.

Ramón se enojó y le gritó furiosamente:

–¿Por qué estaba afuera el collar? ¡Contéstame!

– Ah..N...No sé.

Ramón le agarró al brazo violentamente y la arrastró[2] del baño. Victoria reaccionó y le gritó a Ramón:

– ¡Espera! Necesito mi retenedor.

Ramón miró a Victoria mientras ella recogía el retenedor. Él notó las letras en el retenedor y lo

[2]*arrastró – dragged*

agarró. Miró las letras y le dijo:

    – ¿Y qué son las letras?...¿un mensaje secreto? ¿Qué quiere decir AMOB?

    – No es un mensaje. Es un error.

    – ¿Un error?

    – Sí, un error. Quería las letras A-M-O-R, pero escribieron A-M-O-B.

Ramón se rió y le respondió sarcásticamente:

    – Tú eres cómica. Ahora, ¡dime la verdad!

    – ¡Es la verdad! Por favor, el retenedor es importante para mis dientes.

Ramón le respondió cruelmente:

    – Oooooh, ¿es importante?

    – Sí, ¡es muy importante!

En ese momento, Ramón abrió la puerta de la habitación y tiró el retenedor afuera. Victoria estaba furiosa y le gritó:

– ¡El retenedor costó 300 dólares! ¡Lo necesito!

– Adonde tú vas, no vas a necesitar un retenedor.

Esteban y Ramón se rieron. Hablaron de la situación:

– ¿Pagó su esposo? –Esteban le preguntó a Ramón.

Ramón miró a Victoria y le contestó:

– No, no pagó nada. Dijo que no le importaba su esposa.

– ¿Entonces...?

– Entonces, ¿qué?...Ella va a morir.

Victoria empezó a llorar. Aterrorizada, escuchó la conversación de sus captores:

– No podemos asesinarla aquí en la habitación –le comentó Ramón.

– ¿Dónde vamos a asesinarla entonces?

– Vamos a ir a una playa remota. Vamos en la noche.

Ramón salió y Esteban se sentó delante de la televisión. La miraba como si fuera un día ordinario. Victoria se quedó en la cama, esperando su muerte o su salvación.

En Club Chévere, los chicos se organizaron. Iban a dividirse en grupos para buscar a la madre de Tyler. Estaban a punto de salir, cuando un hombre del resort entró. Con una gran voz, les llamó la atención:

– ¡Atención!

Todos lo miraron en silencio. Pensaron que el hombre tenía información acerca de la madre de Tyler. Él continuó:

– ¿Alguno de ustedes perdió su retenedor? – les gritó.

Él levantó el retenedor y lo describió:

– Es rojo con un corazón rosado y las letras A.M.O.B.

Tyler gritó:

— ¡Ay! ¡Este retenedor es de mi madre!
¿Dónde lo encontraste?

— En las plantas en frente de las habitaciones
en los doscientos.

— ¡Vamos a esa sección de habitaciones!

El líder del club les gritó a los chicos con una
voz de autoridad:

— ¡No, no, NOOOO! Puede ser una situación peligrosa[3]. ¡Vamos a dejar la investigación en las manos de los expertos!
¡Ustedes van a quedarse aquí!

[3]peligrosa - dangerous

Capítulo 10
La búsqueda desesperada

A la media hora, había cientos de policías y agentes de la CIA corriendo por el resort. Buscaban a Victoria Andalucci por todas partes. Un grupo de agentes fue a las habitaciones doscientos. Iban de habitación en habitación buscando a Victoria. Tocaban las puertas. Si los habitantes abrían las puertas, los policías entraban y buscaban a Victoria. Si no abrían la puerta, los policías la abrían y entraban. Buscaron en cada habitación.

Tocaron la puerta de la habitación doscientos treinta y siete (237) y llamaron:

– Somos policías. Buscamos a Victoria Andalucci.

De repente, Esteban agarró su pistola y le agarró el brazo a Victoria. La arrastró al baño. Un agente vio movimiento en la habitación y gritó:

– ¡Cuidado! ¡Alguien está en esta habitación! ¡Vi movimiento!

Otro agente repitió:

– ¡Somos policías! ¡Buscamos a Victoria Andalucci! ¡Abran la puerta!

Victoria tenía mucho miedo. No quería morir. Era obvio que Esteban tenía miedo también y Victoria le habló:

– Esteban, déjame salir, por favor. Si me dejas, voy a decir a la policía que tú no eres mala persona. Que tú no querías secuestrarme. Que te forzó Ramón.

Esteban no sabía qué hacer. Pensaba en un escape y consideraba el comentario de Victoria. La policía seguía gritando:

– ¡Abran la puerta! ¡Sabemos que están en esta habitación! ¡No hay escape! ¡Salgan con las manos arriba!

Victoria lloraba. Le seguía hablando:

– Por favor, Esteban. No quiero morir y tú no
quieres morir tampoco. Vamos a salir. Yo
caminaré delante de ti.

Esteban sabía que no había escape y decidió
salir con Victoria. Con su pistola en la mano, le agarró el brazo a Victoria y los dos caminaron hacia la
puerta. Esteban gritó:

– ¡Vamos a salir!

Los policías y los agentes prepararon sus pistolas. Apuntaron con las pistolas a la puerta y grita-
ron:

– Abre la puerta muy despacio.

Con pánico, Victoria le dijo a Esteban:

– Deja tu pistola, Esteban. –Entonces les
gritó a los policías– ¡No disparen[1]! ¡Salgo
con él.

Entonces, Victoria abrió la puerta muy despacio.
Ella salió, caminando delante de Esteban. Al instante,
unos agentes agarraron a Esteban y otros agarraron
a Victoria. Se separaron rápidamente. Un agente
musculoso abrazó a Victoria.

[1]*no disparen - don't shoot*

– Victoria, ¿estás bien?

Victoria no le contestó. Sólo lloró en los brazos del agente. Por fin, pudo hablar:

– ¿Dónde está mi hijo?

– Está con mi hija –le contestó el agente musculoso.

– ¿Con su hija? –Victoria le preguntó con confusión.

En ese momento Victoria escuchó a Tyler.

– ¡Mamá!

Los dos lloraron y se abrazaron. Después de abrazarse por unos minutos, Victoria miró al policía y le preguntó:

– ¿Cómo me encontraron?

– Un jardinero[2] encontró tu retenedor en las plantas y lo llevó al Club Chévere. Tu hijo lo identificó y... el resto es historia.

De repente un reportero de CNN llegó y puso un micrófono delante de Victoria. El reportero miró al agente y entonces miró a Victoria. Con mucho entusiasmo, le preguntó a ella:

– ¿Es este hombre él que le salvó la vida?

[2]*jardinero - gardener*

Victoria se sonrió y le contestó:
– Pues, sí...él y mi ortodoncista...

~ El fin ~

FOTO: Victoria Andalucci recibe un retenedor nuevo de su novio (y ortodoncista), el Dr. Chad Michaels.

Epílogo

Prensa Mundial: Ixtapa, México - Victoria Andalucci, 40 años, fue secuestrada en México por el narcotraficante mexicano, Ramón "Chato" Espinoza. Estuvo atrapada con sus captores por dos días antes de ser salvada por los agentes de la CIA y la policía mexicana. Los agentes arrestaron a Esteban Bambuino, uno de los captores, pero todavía buscan a Espinoza y a su cómplice.

Evidentemente, fue un caso de identidad errónea. Hay dos mujeres que se llaman 'Victoria Andalucci': una es la víctima y la otra es la esposa del narcotraficante, Antonio Andalucci. Según Bambuino, hay un conflicto entre los dos grupos de narcotraficantes y Espinoza quería arreglar el conflicto secuestrando a la esposa de su enemigo.

Según la víctima, hay muchas personas que ayudaron con su salvación, pero los dos más importantes son un agente de la CIA y su ortodoncista. Dijo ella: «Pues, el agente fue muy valiente, pero realmente fue mi ortodoncista que me salvó la vida. Me hizo un retenedor único y fue el encuentro de mi retenedor especial que les ayudó a los policías a encontrarme. Al final, fueron el A-M-O-R y mi ortodoncista los que me salvaron la vida».

Pronouns

Subject Pronouns

yo - I
tú - you
usted - you (formal)
él - he
ella - she
nosotros - we
ellos - they
ustedes - you (pl.)

Possessive Pronouns

mi - my
tu - your
su(s) - his, her, their (pl.)
nuestro(a) - our

Glosario

abrazar(se) - to hug (each other)
abrazó - s/he hugged
(se) abrió - s/he, it opened
acerca de - about
adonde - to where
afuera - outside
agarró - s/he grabbed
agua - water
ahora - now
alguien - someone
alguno - some, someone, any, anyone
amiga - female friend
anoche - last night
años - years

antes - before
anuncio - announcement, commercial
apuntaron - they pointed
aquí - here
(se) arregló - s/he primped, got him/herself ready
arriba - up
asesinar(la) - to assassinate (her), kill (her)
ayer - yesterday
ayuda - s/he helps, help *(noun)*
ayúdame - help me
ayudar(nos) - to help (us)
ayudará - s/he will help

74

azul - blue

bailaron - they, you (pl.) danced

baño - bathroom

(se) bañó - s/he bathed, took a bath

bebida(s) - drink(s) *(noun)*

bien - well

boca - mouth

bolígrafo - pen

bonita - pretty

brazo - arm

buenas tardes - good afternoon (greeting)

bueno(a) - good

buscaban - they, you (pl.) looked for, were looking for

buscamos - we look for, are looking for

buscando - looking for

buscar - to look for

buscaron - they looked for

cabeza - head

cama - bed

caminaba - s/he walked (habitually), s/he was walking

caminando - walking

caminaré - I will walk

caminó - s/he walked (at that moment)

cansado(a) - tired

casa - house, home

casi - almost

cenar - to eat dinner (evening meal)

ceno - I eat dinner (evening meal)

(se) cepillaba - s/he brushed (habitually), s/he was brushing

cepillár(melos) - to brush (my _____)

cepillar(se) - to brush (oneself)

(se) cepilló - s/he brushed (him/herself)

chico(a) - boy, (girl)

cinco - five (5)

comer - to eat

cometieron - they, you (pl.) committed

cometió - s/he committed

comía - s/he, I was eating

comida - food

comieron - they, you (pl.) ate

comió - s/he ate

Problemas en Paraíso

como/cómo - like, how

comprar - to buy

comprendes - you understand

comprendió - s/he understood

comprendo - I understand, comprehend

compró - s/he bought

con - with

conocí - I met

conociste - you met

contéstame - answer me *(command)*

contestó - s/he answered

corrió - s/he ran

cual - which

cuando/cuándo - when

cuántos - how many

cuarenta - forty (40)

cuatro - four (4)

cuerpo - body

cuidado - careful

darnos - to give to us

de nuevo - again

de repente - suddenly

debajo de - under, underneath, below

decía - s/he, it said, was saying

decírselo - to say it to him/her

déjala - leave it *(command)*

déjame - leave me alone *(command)*

dejando - leaving (behind)

dejar - to leave (behind)

dejó - s/he left (behind)

desaparecidos - people who have disappeared, missing persons

desapareció - s/he disappeared

desde - from

despacio - slow

despertar(se) - s/he wakes up

(se) despertaba - s/he woke up (habitually)

(se) despertó - s/he woke up (at that moment)

despierta - awake

(la) despierto - I wake (her) up

después - after

día(s) - day(s)

dieciséis - sixteen (16)

diente(s) - tooth, (teeth)

(se) dijo - s/he said to her/himself

(se lo) dio - s/he gave it to him/her

(se) dio cuenta de que - s/he realized

diez - ten (10)

dije - I said

dijo - s/he said

dime - tell me *(command)*

dinero - money

(me) divertí - I enjoyed myself

divertir(me) - to enjoy (myself)

divirtiéndose - enjoying oneself

(se) divirtió – s/he enjoyed her/himself

doce y media - 12:30

donde/dónde - where

dormí - I slept

dormido(a) - asleep

dos - two (2)

doscientos - two hundred's (200's)

durante - during

durmieron - they slept

durmió - s/he slept

emocionada - excited

emocionó - she became excited

empezó - s/he, it started

empleado - employee, worker

(se) enojó - s/he became angry

encontraron - they found

encuentran - they, you (pl.) find, encounter

enfermo(a) - sick, ill

enojado(a) - angry

entonces - then

entrada - entrance

entraron - they, you (pl.) entered

entre - between

entró - s/he entered

era - s/he, it was

eres - you are

erróneo(a) - erroneous, mistaken

escribieron - they, you (pl.) wrote

escribió - s/he wrote

escribir(la) - to write (it)

escribo - I write

escuchó - s/he listened

esperando - waiting for

esperarles - to wait for them

esperaron - they, you (pl.) waited

esperen - you (pl.) wait *(command)*

esperó - s/he waited

(lo) espero - I wait/am waiting for (him)

está - s/he is

estaba - s/he was

estoy - I am

estudiaba - s/he, I studied, was studying

estudiante - student

estudié - I studied

estudió - s/he studied

estuvieron - they were (at that moment)

estuvo - s/he was (at that moment)

feliz - happy

final - end

frente - front

fue - s/he, it was, s/he, it went

fueron - they, you (pl.) went

gritaban - they, you (pl.) were yelling

gritó - s/he yelled

guapo - handsome, good-looking

(me) gusta - it pleases me

(le) gustaba - it was pleasing to him/her, s/he liked

(le) gustó - it pleased him/her (at that moment)

había - there was, there were

habitación - room, bedroom

hablaba - s/he was talking, speaking

hablaron - they spoke, talked

hablo - I speak, talk

habló -s/he spoke, talked

hacer - to do, to make

haces - you do, make; you are doing, making

hacia - toward

haciendo - doing, making

hasta - until

hay - there is, there are

hice - I did, made

hiciste - you did, made

hijo - son

hizo - s/he did, made

hombre - man

hoy - today

iba - s/he was going, went (habitually)

iban - they, you (pl.) were going, went (habitually)

invadió - s/he invaded

ir - to go

(se) levantaba - s/he used to get up, got up (habitually)

(se) levantó - s/he got up

listo(a) - ready

lo siento - I am sorry

luego - then, next

luz - light

llamas - you call

llamó - s/he called

llegara - s/he, I arrived *(subjunctive)*

llegaron - they arrived

llegó - s/he arrived

llegué - I arrived

lleva puesto - s/he wears

llévala - take her *(command)*

llevando puesto - wearing

llevar puesto - to wear

llorando - crying

llorar - to cry

(no) llores - don't cry *(command)*

maestro(a) - teacher

mal - bad

mañana - morning

mano(s) - hand(s)

más - more

me muero de - I'm dying of

media - half

mensaje - message

mercado - market

mesa - table

miedo - fear

mientras - while

mijo - my son (term of endearment)

morir - to die

(se) miró - s/he looked at (her/himself)

mover(se) - to move (oneself)

movió - s/he moved

mucho – a lot

no te muevas - don't move *(command)*

mujer - woman

muy - very

nada - nothing

nadie - no one

necesitaba - s/he needed

negro - black

Problemas en Paraíso

no llores - don't cry *(command)*

no te muevas - don't move *(command)*

noche - night

novia - girlfriend

nueva(o) - new

nueve - nine (9)

ojos - eyes

once - eleven (11)

otro(a) - other, another

pagó - s/he paid

papel - paper

para nada - at all, for nothing

pareces - you look like, seem

parecía - s/he, it seemed, looked like

parecían - they, you (pl.) seemed, looked like

pasaban - was passing, was spending (time)

pasó - passed, spent

pelo - hair

pensaba - s/he thought (habitually), s/he, I was thinking

pensar - to think

pensó - s/he thought (at that moment)

pequeños(as) - small

perdida - lost, missing

perdió - s/he lost

pero - but

pienso - I think

pierna - leg

playa - beach

podía - s/he could, was able

poner(te) - to put (on you)

ponérmelas - to put them on me

ponle - put on him/her *(command)*

por favor - please

por fin - finally

por qué - why

porque - because

preguntar - to question, to ask a question

preguntó - s/he questioned, asked a question

(se) preguntó - s/he wondered, asked her/himself

(se) puso - s/he put on

prestó atención - paid attention

primero - first

prometo - I promise

pronto - soon

pudo - s/he could, was able (at that moment)

puede - s/he can, is able

puerta - door

que - that

qué - what

qué hora - what time

quedarse - to remain, to stay

(se) quedó - s/he remained, stayed

quería - s/he wanted, was wanting

quién - who

quien - who, whom

quiero - I want

quince - fifteen

quitármelos - to take them off me

quitarte - to take off you

recogiendo - retrieving, getting

recogió - s/he retrieved, got

regresaras - you returned

regresé - I returned

regresó - s/he returned

rico(a) - rich

rojo(a) - red

ropa - clothing, clothes

rosado(a) - pink

sabemos - we know (a fact)

saber - to know (a fact)

sabía - s/he knew (a fact)

sabían - they, you (pl.) knew (a fact)

salgan - you (pl.) leave *(command)*

salgo - I leave, am leaving

salió - s/he left (a place)

salir - to leave (a place)

sé - I know

se durmieron - they fell asleep

se durmió - s/he fell asleep

se rieron - they, you (pl.) laughed (at that moment)

se rió - s/he laughed (at that moment)

sed - thirst

seguía - s/he continued, was continuing

seguir - to follow, continue

según - according to

seis - six (6)

semanas - weeks

(se) sentaron - they, you (pl.) sat down

sentía - s/he felt, was feeling

81

(se) sentó - s/he sat down

ser - to be

siéntate - sit down
    (command)

siete - seven (7)

siete y quince - 7:15

siguiente(s) - next, following

siguió - s/he continued, followed

sin - without

(se) sintió - s/he felt (at that moment)

(se) sonrió - s/he smiled

sobre – over, on, about

solo - alone, lonely

sólo - only

somos - we are

son - they, you (pl.) are

sonido(s) - sound(s)

sonrisa - (a) smile

soy - I am

suelo - ground

tal vez - maybe

también - also, too

tampoco - neither

tan - so

tanto - so much

tarde - afternoon, late

temprano - early

tener - to have

tengo - I have

tengo sed - I am thirsty (I have thirst)

tenía - s/he had

tenía miedo - s/he has fear, is afraid

tienes - you have

tiró - s/he threw, tossed

tocaban - they, you (pl.) knocked (repeatedly), were knocking

tocaron - they, you (pl.) knocked (at that moment)

toda(o) - all

todas(os) - every, everyone

todavía - still

tomando - drinking, taking

tomar - to drink, to take

tomó - s/he drank; s/he took

tranquila - tranquil, calm

trece - thirteen (13)

tres - three (3)

triste - sad

tuvo - s/he had

última vez - last time

usar - to use

vamos - we go, are going

vas - you go, are going

vaya - s/he goes, is going
   (subjunctive)

veces - times

veinte - twenty (20)

veinticuatro - twenty-four
   (24)

(se) vendía - s/he was selling

(se) vendían - they, you (pl.)
   were selling

ver - to see

verdad - right?, truth, true

vi - I saw

viaje - trip, voyage

vida - life

vino - s/he came

vio - s/he saw

visitante - visitor

viste - you saw

visto - seen

viva - alive

volvió - s/he returned (to a
   place)

voy - I go, am going

y - and

ya - already

ya no - anymore

Don't miss these other compelling leveled readers from...

Elementary Novel

Brandon Brown quiere un perro
Present Tense - fewer than 110 unique words

Brandon Brown really wants a dog, but his mother is not quite so sure. A dog is a big responsibility for any age, much less a soon-to-be 9-year-old. Determined to get a dog, Brandon will do almost anything to get one, but will he do everything it takes to keep one…a secret?

Middle School Novel

Brandon Brown versus Yucatán
Present Tense - fewer than 140 unique words

It takes Brandon Brown less than a day to find trouble while on vacation with his family in Cancun, Mexico. He quickly learns that in Mexico, bad decisions and careless mischief can bring much more than a 12-year-old boy can handle alone. Will he and his new friend, Justin, outwit their parents, or will their mischievous antics eventually catch up with them?

Level 1 Novels

El nuevo Houdini

Past & Present Tense - 200 unique words
(Two versions under one cover!)

Brandon Brown is dying to drive his father's 1956 T-bird while his parents are on vacation. Will he fool his parents and drive the car without them knowing, and win the girl of his dreams in the process? (Also available in French & Russian)

Felipe Alou: *Desde los valles a las montañas*

Past Tense - 150 uique words

This is the true story of one of Major League Baseball's greatest players and managers, Felipe Rojas Alou. When Felipe left the Dominican Republic in 1955 to play professional baseball in the United States, he had no idea that making it to the 'Big League' would require much more than athelticism and talent. He soon discovers that language barriers, discrimination and a host of other obstacles would prove to be the most menacing threats to his success. (Also available in English)

Piratas del Caribe *y el mapa secreto*

Present Tense - Fewer than 300 unique words

The tumultuous, pirate-infested seas of the 1600's serve as the historical backdrop for this fictitious story of adventure, suspense and deception. Rumors of a secret map abound in the Caribbean, and Henry Morgan *(François Granmont, French version)* will stop at nothing to find it. The search for the map is ruthless and unpredictable for anyone who dares to challenge the pirates of the Caribbean. (Also available in French)

Los Piratas del Caribe y el Triángulo de las Bermudas

Past Tense - 280 unique words

When Tito and his father set sail from Florida to Maryland, they have no idea that their decision to pass through the Bermuda Triangle could completely change the course of their voyage, not to mention the course of their entire lives! They soon become entangled in a sinister plan to control the world and subsequently become the target of Henry Morgan and his band of pirates.

Esperanza

Present Tense, 1st person - 200 unique words

This is the true story of a family caught in the middle of political corruption during Guatemala's 36-year civil war. Tired of watching city workers endure countless human rights violations, Alberto organizes a union. When he and his co-workers go on strike, Alberto's family is added to the government's "extermination" list. The violent situation leaves Alberto separated from his family and forces them all to flee for their lives. Will their will to survive be enough to help them escape and reunite?

Noches misteriosas en Granada

Present Tense - Fewer than 300 unique words

Kevin used to have the perfect life. Now, dumped by his girlfriend, he leaves for a summer in Spain, and his life seems anything but perfect. Living with an eccentric host-family, trying to get the attention of a girl with whom he has no chance, and dealing with a guy who has a dark side and who seems to be out to get him, Kevin escapes into a book and enters a world of long-ago adventures. As the boundaries between his two worlds begin to blur, he discovers that nothing is as it appears...especially at night! (Also available in French)

Level 1 Novels (cont.'d)

Robo en la noche
Past & Present Tense
(Two versions under one cover!!)
Fewer than 380 unique words

Fifteen-year-old Makenna Parker had reservations about her father's new job in Costa Rica, but little did she know that missing her home and her friends would be the least of her worries. She finds herself in the middle of an illegal bird-trading scheme, and it's a race against time for her father to save her and the treasured macaws.

(Present tense version available in French)

Noche de oro
Past Tense
Fewer than 300 unique words

Now a college student, Makenna Parker returns to Costa Rica for a new ecological adventure. As a volunteer at a wildlife preserve in Guanacaste, she finds unexpected romance that lands her right in the middle of a perilous scheme. Does her new boyfriend really have good intentions, and what are he and his stepfather really up to? Will Makenna discover the truth before it's too late?

Level 2 Novels

La Llorona de Mazatlán
Past Tense
Fewer than 300 unique words

Laney Morales' dream of playing soccer in Mazatlan, Mexico soon turns into a nightmare, as she discovers that the spine-chilling legends of old may actually be modern mysteries. Friendless and frightened, Laney must endure the eerie cries in the night alone. Why does no one else seem to hear or see the weeping woman in the long white dress? Laney must stop the dreadful visits, even if it means confessing her poor choices and coming face to face with… La Llorona.

Rebeldes de Tejas
Past Tense
Fewer than 400 unique words

When Mexican dictator, Santa Anna, discovers that thousands of U.S. citizens have spilled into the Mexican state of Texas and seized the Alamo, he is determined to expel or kill all of them. What will happen when Mexican Juan Seguín finds himself fighting for Texas and against his country's dictator? Will he survive the bloody battle of the Alamo and the ensuing battles that took hundreds of lives and drastically changed the face of Mexico forever?

Problemas en Paraíso
Past Tense
Fewer than 400 unique words

Victoria Andalucci and her 16-year-old son are enjoying a fun-filled vacation at Club Paradise in Mexico. A typical teenager, Tyler spends his days on the beach with the other teens from Club Chévere, while his mother attends a conference and explores Mexico. Her quest for adventure is definitely quenched, as she ventures out of the resort and finds herself alone and in a perilous fight for her life! Will she survive the treacherous predicament long enough for someone to save her? (Also available in French)

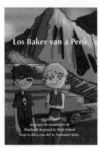

Los Baker van a Perú
Past & Present Tense
(Two versions under one cover!)
Fewer than 400 unique words

Are the Baker family's unfortunate mishaps brought on by bad luck or by the curse of the shrunken head? Join the Bakers as they travel through Peru and experience a host of cultural (mis)adventures that are full of fun, excitement and suspense!

La maldición de la cabeza reducida
Past Tense
Fewer than 400 unique words

Hailey and Jason think they have rid themselves of the cursed shrunken head now that they are back home from their family trip to Peru. Their relief quickly gives way to shock, as they realize that their ordeal has only just begun. Returning the head and appeasing the Jívaro tribe become a matter of life and death! Will Hailey and Jason beat the odds?

Level 3 Novels

Vida y muerte en La Mara Salvatrucha
Fewer than 400 unique words

This compelling drama recounts life (and death) in one of the most violent and well-known gangs in Los Angeles, La Mara Salvatrucha 13. Joining MS-13 brings certain gang-related responsibilities, but being *born* into La Salvatrucha requires much more. Sometimes, it even requires your life! This is a gripping story of one gang member's struggle to find freedom.

La Calaca Alegre
Fewer than 425 unique words

Does Carlos really suffer from post-traumatic stress disorder, or are his strange sensations and life-like nightmares much more real than anyone, including Carlos, believes? Determined to solve the mystery of his mother's disappearance, Carlos decides to return to Chicago to face his fears and find his mother, even if it means living out his nightmares in real life. As he uncovers the mystery, he discovers the truth is much more complex and evil than he ever imagined.

Level 3 Novels *(cont'd)*

La hija del sastre
Fewer than 500 unique words

Growing up in a Republican family during Franco's fascist rule of Spain, Emilia Matamoros discovers just how important keeping a secret can be! After her father, a former captain in the Republican army, goes into hiding, Emilia not only must work as a seamstress to support her family, she must work to guard a secret that will protect her father and save her family from certain death. Will her innocence be lost and will she succumb to the deceptive and violent tactics of Franco's fascist regime?

La Guerra Sucia
Fewer than unique 600 words (Level 3/4)

American Journalist and single mother, Leslie Corrales travels to Argentina to investigate the suspicious disappearance of 'Raúl,' the son of Magdalena Casasnovas. When Leslie discovers that Raúl, along with 10's of thousands of other suspected dissidents, has suffered horrific atrocities at the hands of the Argentine government, she finds herself in a life-altering series of events. Will she escape with her life and with the information she needs to help the Argentine people?